ABC Ver, Oír, Hacer Nivel 1:
APRENDE A LEER
LAS LETRAS MAYÚSCULAS

por Stefanie Hohl

Playful Learning Press

www.abcseeheardo.com

ABC Ver, Oír, Hacer Nivel 1: Aprende a Leer las Letras Mayúsculas

Copyright © 2023 por Playful Learning Press

Todos los derechos reservados. Impreso en los Estados Unidos de América.

Ninguna parte de este libro puede ser utilizada o reproducida en manera alguna sin permiso por escrito.
Para obtener información sobre el permiso, vaya a www.abcseeheardo.com.

Resumen: ayude al niño a aprender los sonidos de las letras viendo la letra, escuchando
su sonido y realizando una acción. Combine los sonidos para leer palabras de tres letras.

ISBN 978-1-63824-045-7

Cómo Usar Este Libro:

- Enséñele al niño el sonido de cada letra (no el nombre de la letra).

- Pídale al niño que haga el movimiento de la mano que corresponde a cada letra.

- Trabaje en grupos de 4 letras a la vez.

- Enséñele al niño a combinar los sonidos para formar palabras.

- Es posible que los niños más pequeños no están listos para combinar los sonidos. Concéntrese en enseñar los sonidos de cada letra individualmente.

- ¡Diviértanse!

Este método para aprender a leer utiliza estilos de aprendizaje visual, auditivo y cinestésico para enseñar el conocimiento fonémico. El niño verá la letra, escuchará su sonido y moverá su cuerpo. Esta forma de enseñanza es apropiada porque les ayuda a los niños a recordar fácilmente.

M...m...M

MONO

Frota tu barriga como
si hubieras comido algo rico

A...a...A

ABEJA

Levanta tus manos al aire como si tuvieras miedo

S...s...S

SALAMANDRA

Haz que tus manos se deslicen como una serpiente

L...l...L

LEÓN

Haz como si
lamieras una paleta

¿Adivina qué? ¡Es hora de leer!
Pronuncia el sonido y realiza el movimiento
correspondiente con tu cuerpo para cada letra.

Ahora repitelas más rápido,
y más rápido. ¡Buen trabajo!

R...r...R

RINOCERONTE

Haz como si aceleraras
una motocicleta

P...p...P

PERRO

Haz un puño con tus manos y luego ábrelas extendiendo todos los dedos

E...e...E

ELEFANTE

Pon tus manos alrededor de tu boca como si estuvieras gritando

N...n...N

NUTRIA

Mueve tu dedo índice
de un lado a otro

¡Es hora de leer más palabras!

¡Muy bien!

B...b...B

BÚHO

Mueve tu brazo como si estuvieras tocando un tambor

I...i...I

IGUANA

Aplaude con tus manos sobre tu cabeza

D...d...D

DELFÍN

Golpea un puño
sobre el otro

O... O... O...

oso

Haz un círculo con tus
brazos formando una O

Creo que ahora podrás leer más palabras.

ARO
BOA
DOS
ERA
LEA

¡Impresionante! ¡Ya has leído 20 palabras! ¿Puedes creerlo?

TORTUGA

Toca el aire

U...u...U

URRACA

Con las palmas de tus manos hacia abajo, muévelas para adelante y para atrás

FLAMINGO

Mueve tus brazos
como un flamingo

V...v...V

VACA

Mueve tu brazo como si estuvieras tocando un tambor

¡Que bueno! Estás leyendo. Trata estas palabras:

UVA
FEO
FIN
VAS
VID

¡Leíste 10 palabras más! ¡Muy bien!

C ... C ... C

CONEJO

Cierra tus manos como para formar patas de animales y haz como si rascaras el aire

G...g...G

GATO

Haz como si levantaras un vaso para tomar un trago

J ... j ... J

JAGUAR

Haz como si te limpiaras el sudor de tu frente

Z...z...Z

ZORRO

Haz que tus manos se deslicen como una serpiente

¡Otras 10 palabras! ¡Excelente!

H...h...H

HIPOPÓTAMO

La letra «H» no tiene sonido. Presiona tu dedo contra tus labios y no hagas ningún sonido

Y... y... Y

YAK

Estira tus brazos como si estuvieras bostezando

K...k...K

KOALA

Haz como si giraras una llave en una cerradura

Ñ...ñ...Ñ

ÑU

Mueve tu brazo hacia abajo
como que estuvieras dando
un golpe de karate

AÑO

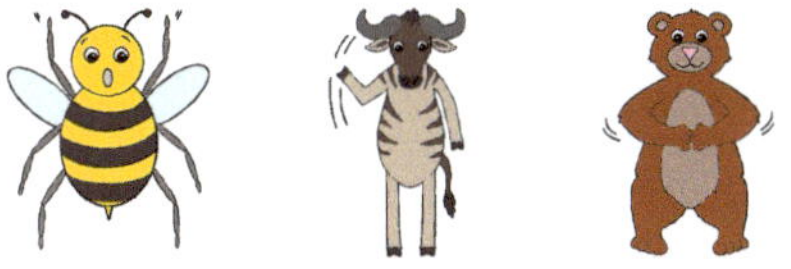

HAZ

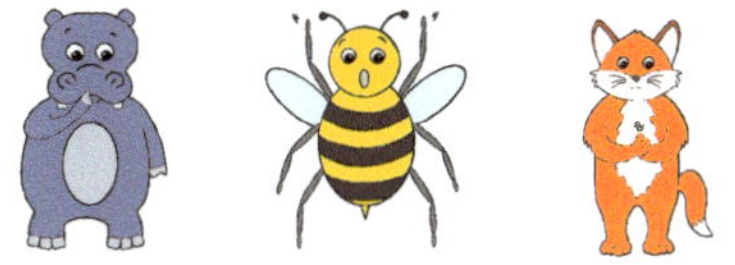

KAN

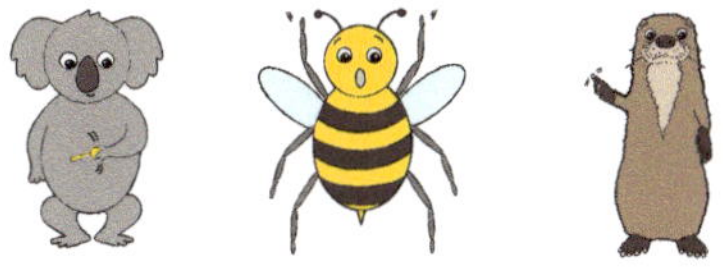

UÑA

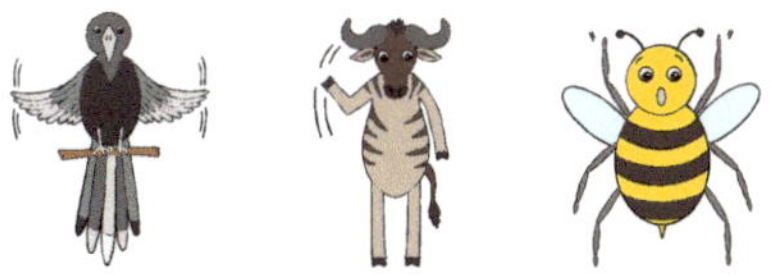

YEN

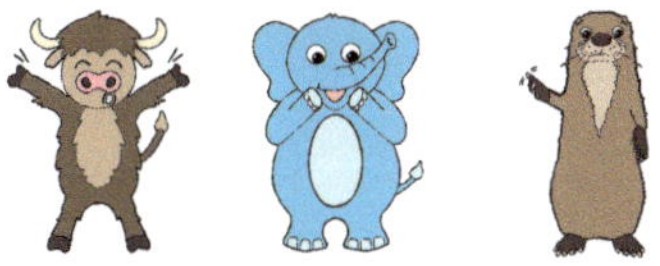

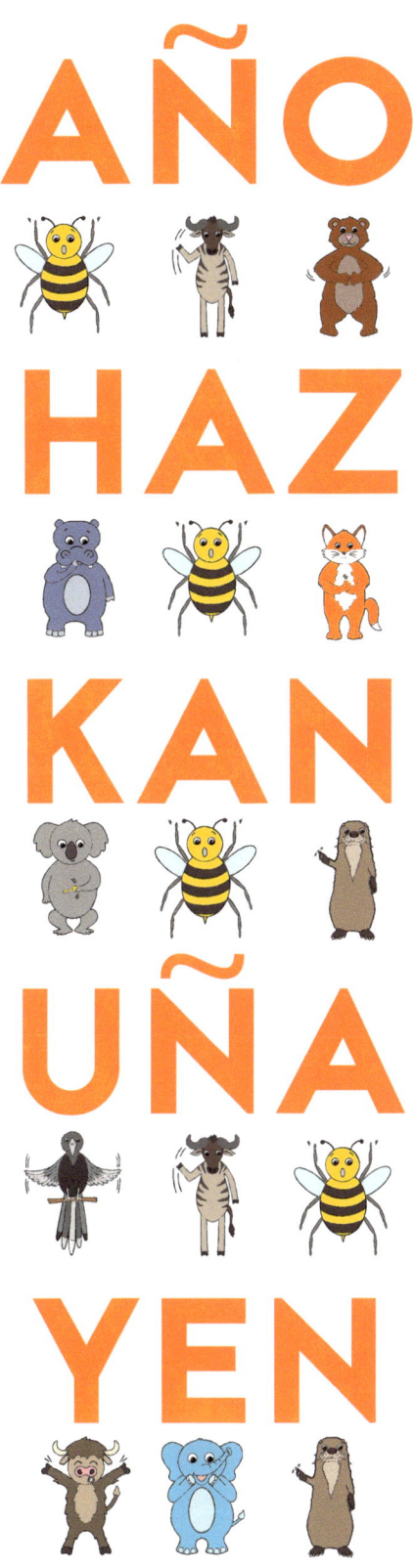

¡Esta es una lectura muy impresionante!

Q ... q ... Q

QUETZAL

Haz como si giraras una
llave en una cerradura

X...x...X

AXOLOTE

Cruza tus brazos formando una X

W... W... W

WOMBAT

Mueve los dedos de tus manos rápidamente

¡Felicidades! ¡Acabas de leer 50 palabras!

¿Listo para un desafío?
¡Intenta leer estas palabras!

AHÍ	OCA	SON
DON	OLA	TAL
ECO	ORO	TIC
ESE	PEZ	UNA
LAS	PÚA	VER
LÍO	RED	VEZ
MÍO	REO	VÍA
OÍR	SED	VOZ

¡Revisemos las letras!

www.ingramcontent.com/pod-product-compliance
Lightning Source LLC
Chambersburg PA
CBHW041521070526
44585CB00002B/28